Als ik somber ben
When I Am Gloomy

Sam Sagolski
Geïllustreerd door Daria Smyslova

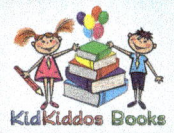

www.kidkiddos.com
Copyright ©2025 by KidKiddos Books Ltd.
support@kidkiddos.com

All rights reserved. No part of this book may be reproduced in any form or by any electronic or mechanical means, including information storage and retrieval systems, without written permission from the publisher, except in the case of a reviewer, who may quote brief passages embodied in critical articles or in a review.
First edition, 2025

Translated from English by Missy Veerhuis
Vertaald uit het Engels door Missy Veerhuis

Library and Archives Canada Cataloguing in Publication
When I Am Gloomy (Dutch English Bilingual edition)/Shelley Admont
ISBN: 978-1-83416-816-6 paperback
ISBN: 978-1-83416-817-3 hardcover
ISBN: 978-1-83416-815-9 eBook

Please note that the Dutch and English versions of the story have been written to be as close as possible. However, in some cases they differ in order to accommodate nuances and fluidity of each language.

Op een bewolkte ochtend werd ik somber wakker.
One cloudy morning, I woke up feeling gloomy.

Ik stapte uit bed, wikkelde mijn favoriete deken om me heen en liep de woonkamer binnen.
I got out of bed, wrapped myself in my favorite blanket, and walked into the living room.

"Mammie!" riep ik. "Ik ben in een slechte bui."
"Mommy!" I called. "I'm in a bad mood."

Mam keek van haar boek op. "Slecht? Waarom zeg je dat, liefje?" vroeg ze.
Mom looked up from her book. "Bad? Why do you say that, darling?" she asked.

"Kijk maar eens naar mijn gezicht!" zei ik, wijzend naar mijn gefronste wenkbrauwen. Mam glimlachte lief.
"Look at my face!" I said, pointing to my furrowed brows. Mom smiled gently.

"Ik heb vandaag geen blij gezicht," mompelde ik. "Hou je nog steeds van me als ik somber ben?"
"I don't have a happy face today," I mumbled. "Do you still love me when I'm gloomy?"

"Natuurlijk doe ik dat," zei mam. "Als je somber bent, dan wil ik dicht bij je zijn, je een dikke knuffel geven en je opvrolijken."

"Of course I do," Mom said. "When you're gloomy, I want to be close to you, give you a big hug, and cheer you up."

*Daardoor voelde ik me iets beter, maar slechts voor even,
want toen dacht ik weer aan al mijn andere gevoelens.*
That made me feel a little better, but only for a second,
because then I started thinking about all my other moods.

"Dus... hou je nog steeds van me als ik boos ben?"
"So... do you still love me when I'm angry?"

Mam glimlachte weer. "Natuurlijk doe ik dat!"
Mom smiled again. "Of course I do!"

"Weet je het zeker?" vroeg ik, terwijl ik mijn armen over elkaar sloeg.
"Are you sure?" I asked, crossing my arms.

"Zelfs als je boos bent, ben ik nog steeds je moeder. En dan hou ik nog net zoveel van je."
"Even when you're mad, I'm still your mom. And I love you just the same."

Ik haalde diep adem. "Wat als ik verlegen ben?" fluisterde ik.
I took a big breath. "What about when I'm shy?" I whispered.

"Ik hou ook van je als je verlegen bent," zei ze. "Weet je nog dat je je achter me had verstopt en je niet met de nieuwe buurjongen wilde praten?"

"I love you when you're shy too," she said. "Remember when you hid behind me and didn't want to talk to the new neighbor?"

Ik knikte. Ik herinnerde het me heel goed.
I nodded. I remembered it well.

"En toen zei je hallo en maakte je een nieuwe vriend. Ik was zó trots op je."

"And then you said hello and made a new friend. I was so proud of you."

"Hou je nog steeds van me als ik te veel vragen stel?" vroeg ik toen.

"Do you still love me when I ask too many questions?" I continued.

"Als je veel vragen stelt, zoals nu, dan zie ik dat je nieuwe dingen leert die je elke dag slimmer en sterker maken," antwoordde mama. *"En ja, ik hou nog steeds van je."*

"When you ask a lot of questions, like now, I get to watch you learn new things that make you smarter and stronger every day," Mom answered. "And yes, I still love you."

"Wat als ik helemaal geen zin heb om te praten?" bleef ik vragen.

"What if I don't feel like talking at all?" I continued asking.

"Kom hier," zei ze. Ik klom bij haar op schoot en liet mijn hoofd op haar schouder rusten.

"Come here," she said. I climbed into her lap and rested my head on her shoulder.

"Als je geen zin hebt om te praten en gewoon stil wilt zijn, dan begin je je verbeelding te gebruiken. Ik vind het leuk om te zien wat je verzint," antwoordde mam.

"When you don't feel like talking and just want to be quiet, you start using your imagination. I love seeing what you create," Mom answered.

Toen fluisterde ze in mijn oor, "Ik hou ook van je als je stil bent."

Then she whispered in my ear, "I love you when you're quiet too."

"Maar hou je nog steeds van me als ik bang ben?" vroeg ik.
"But do you still love me when I'm afraid?" I asked.

"Altijd," zei mam. "Als je bang bent, dan help ik je om te controleren of er geen monsters onder het bed of in de kast zitten."
"Always," said Mom. "When you're scared, I help you check that there are no monsters under the bed or in the closet."

Ze kuste me op mijn voorhoofd. "Je bent zo dapper, lieverd."

She kissed me on the forehead. "You are so brave, my sweetheart."

"En als je moe bent," voegde ze er zachtjes aan toe, *"dan leg ik een deken over je heen, breng je je teddybeer en zing ik ons speciale liedje voor je."*

"And when you're tired," she added softly, "I cover you with your blanket, bring you your teddy bear, and sing you our special song."

"Wat als ik te veel energie heb?" vroeg ik, overeind springend.

"What if I have too much energy?" I asked, jumping to my feet.

Ze lachte. "Als je vol energie zit, dan gaan we samen fietsen, touwtjespringen of samen naar buiten om te rennen. Ik hou ervan om al die dingen met je te doen!"

She laughed. "When you're full of energy, we go biking, skip rope, or run around outside together. I love doing all those things with you!"

"Maar hou je van me als ik geen broccoli wil eten?" Ik stak mijn tong uit.

"But do you love me when I don't want to eat broccoli?" I stuck out my tongue.

Mam grinnikte. "Zoals die keer dat je je broccoli aan Max had gegeven? Hij vond het heel erg lekker."

Mom chuckled. "Like that time you slipped your broccoli to Max? He liked it a lot."

"Heb je dat gezien?" vroeg ik.
"You saw that?" I asked.

"Natuurlijk heb ik dat gezien. En ik hou zelfs dan nog steeds van je."
"Of course I did. And I still love you, even then."

Ik dacht even na en stelde toen nog een laatste vraag:
I thought for a moment, then asked one last question:

"Mama, als je van me houdt als ik somber of boos ben... hou je dan nog steeds van me als ik blij ben?"
"Mommy, if you love me when I'm gloomy or mad... do you still love me when I'm happy?"

"O, lieverd," zei ze, terwijl ze me weer omhelsde, "als je blij bent, dan ben ik ook blij."
"Oh, sweetheart," she said, hugging me again, "when you're happy, I'm happy too."

Ze kuste me op mijn voorhoofd en voegde eraan toe, "Ik hou net zoveel van je als je blij bent als dat ik van je hou als je verdrietig, boos, verlegen of moe bent."
She kissed me on the forehead and added, "I love you when you're happy just as much as I love you when you're sad, or mad, or shy, or tired."

Ik knuffelde haar harder en glimlachte. "Dus... je houdt altijd van me?" vroeg ik.

I snuggled close and smiled. "So... you love me all the time?" I asked.

"Altijd," zei ze. "Ik hou bij welk gevoel je ook hebt, elke dag, altijd van je."

"All the time," she said. "Every mood, every day, I love you always."

Terwijl ze sprak, begon ik iets warms in mijn hart te voelen.
As she spoke, I started feeling something warm in my heart.

Ik keek naar buiten en zag de wolken wegzweven. De lucht werd blauw en de zon kwam tevoorschijn.
I looked outside and saw the clouds floating away. The sky was turning blue, and the sun came out.

Het leek erop dat het toch een mooie dag zou worden.
It looked like it was going to be a beautiful day after all.

www.ingramcontent.com/pod-product-compliance
Lightning Source LLC
LaVergne TN
LVHW072106060526
838200LV00061B/4817